# Wohin steuern die Medien in Europa?
## Jobst Plog

Robert Bosch **Stiftung**

## Europa bauen, den Wandel gestalten

Professor Jobst Plog, vormals Intendant des NDR, sprach am 29. April 2008 auf Einladung der Robert Bosch Stiftung im Rahmen der Vortragsreihe »Europa bauen – den Wandel gestalten«. Vor rund 500 Gästen zeigte Plog in seinem Vortrag »Wohin steuern die Medien in Europa?« die allgemeinen Entwicklungen auf, die für die europäische Medienlandschaft von Bedeutung sind.

Freie, unabhängige Medien sind ein Grundpfeiler unserer demokratischen Ordnung. Der Weg dorthin war in Deutschland dornenreich. Wirklich frei gemacht haben ihn die Alliierten nach 1945, vor allem mit der Installierung eines nicht staatshörigen öffentlich-rechtlichen Rundfunks. Der versierte Jurist beließ es aber nicht bei einer Bilanz des Erreichten, sondern lenkte den Blick in die Zukunft.

Was wird im Internetzeitalter von den klassischen Medien bleiben? Mit Sicherheit werden sie zusammenrücken – und zwar im Internet. Trotz immer noch hoher Marktanteile der öffentlich-rechtlichen Sender wird der Wettbewerb der Anbieter um Hörer, Leser und Zuschauer härter. Das Fernsehen als familiäres Gemeinschaftserlebnis wird seine Rolle verändern. Das Internet hat den mitagierenden Rezipienten hervorgebracht, der sich sein Programm selbst zusammenbaut.

Zwischen den Anbietern tobt ein Streit um zulässige Formate ihrer Internetpräsenz. Private Anbieter sind von den digitalen Ambitionen der öffentlich-rechtlichen nicht begeistert und wollen ihnen eine sekundäre Rolle im Netz zuweisen. Jobst Plog weiß das Bundesverfassungsgericht auf seiner Seite, wenn er diese Auffassung von Arbeitsteilung zurückweist. Auch für die öffentlich-rechtlichen Sender muss die Bahn ins Internet frei und damit die Anpassung an eine völlig neue Medienlandschaft möglich sein.

Im Übrigen rät Plog zur Unaufgeregtheit. Untergangsängsten in der Medienbranche tritt er mit einem Zitat von Mathias Döpfner entgegen: »Wir werden nicht untergehen, denn es ändert sich weniger, als wir denken. Wir dürfen nicht alles anders machen als bisher, denn sonst gehen wir wirklich unter.« Aber diese optimistische Prognose hat für ihn nur Bestand, wenn im Journalismus nicht der Reflex die Reflexion ersetzt (Frank Schirrmacher), wenn sich die Medien nicht in einen Wettbewerb um das unterste Niveau begeben, sondern in der Flut der Informationen ihrer Lotsenfunktion durch Einordnung und Gewichtung gerecht werden.

Was heißt das für Europa? Als früherer Präsident von ARTE sieht Plog in diesem deutsch-französischen Gemeinschaftsunternehmen ein Beispiel dafür, wie gute europäische Nachbarschaft auch medial erlebbar gemacht werden kann.

## Einführung Dieter Berg

Ich begrüße Sie wieder einmal sehr herzlich bei unserem Stiftungsvortrag in der Reihe »Europa bauen – den Wandel gestalten«. Ich freue mich, dass wir diesmal Herrn Professor Plog gewinnen konnten, um uns auf die Frage »Wohin steuern die Medien in Europa?« eine Antwort zu geben. Nachgerade erstaunlich fand ich, dass wir in unseren Stiftungsvorträgen, die immerhin seit 1982 regelmäßig stattfinden, heute zum ersten Mal etwas über Medien hören.

Trotz Internet steht in der Bedeutung der Medien auch heute immer noch das Fernsehen an erster Stelle. Sowohl zur Unterhaltung als auch zur Information wird nach wie vor das Fernsehgerät eingeschaltet. Fernsehen stellt darüber hinaus auch das Medium dar, auf das man in Deutschland am wenigsten verzichten möchte und über das am meisten gesprochen wird. Nach einer Untersuchung im Auftrag der ARD war auch im Jahr 2007 Fernsehen die beliebteste Freizeitbeschäftigung vor Radiohören, Zeitunglesen, Sporttreiben etc.

Lange Zeit war das Fernsehen allein in öffentlich-rechtlicher Hand. Die britische BBC war das Vorbild, nach dem die Westalliierten nach dem Zweiten Weltkrieg und im Zuge der Demokratisierung den öffentlich-rechtlichen Rundfunk eingeführt haben. Erst in den 80er Jahren wurde der Markt für private Anbieter geöffnet. 1984 gingen SAT1 und RTL erstmals auf Sendung, und viele, viele folgten.

Ihre Zahl ist inzwischen Legion. Neben den großen Privatsendern entstanden private Nischenprogramme wie Nachrichten-, Sport-, Kinder- und Musikkanäle, Shoppingkanäle ebenso wie Pay TV – bis hin zu einer schier nicht mehr zu überblickenden Vielzahl weiterer Programmformate. Bleibt die Frage, ob mehr auch immer besser ist. Antwort: nein! Aber die Vielzahl an Privatsendern und die entsprechend vielen »bunten« Formate haben die Senderlandschaft und das Konsumverhalten der Zuschauer erheblich verändert. Folge ist, dass die Leute immer mehr, immer länger fernsehen – je nach Altersgruppe bis zu fünf Stunden am Tag, jeden Tag!

Und die Öffentlich-Rechtlichen mischen fleißig mit. Der Auftrag lautet, umfassend und ausgewogen zu informieren sowie Bildung, Kultur und Unterhaltung anzubieten. Die Auftragsausführung heißt: von Tagesschau und Anne Will über Harald Schmidt, Tatort und Fußball bis hin zu Musikantenstadl und Rosamunde Pilcher. Aber das kommt offenbar an. Trotz der großen Konkurrenz durch die privaten Anbieter kommen ARD, ZDF und die dritten Programme immer noch auf fast 40 Prozent Marktanteil im letzten Jahr.

Das alles beschreibt jedoch nur den Ist-Zustand. Herr Professor Plog wird uns den Blick in die Zukunft zeigen. Wie wird sich die Senderlandschaft verändern? Wird es immer noch mehr Sender geben oder kommt es vielleicht eines Tages zu einem Sendersterben? Wie werden sich die öffentlich-rechtlichen Rundfunkanstalten behaupten? Was müssen sie ändern, was eventuell der Gesetzgeber? Wie verhalten sich die anderen Sender in Europa? Und welche Rolle wird schließlich das Internet spielen?

Lieber Herr Plog, das sind viele Fragen auf einmal, aber Sie sind bestimmt nicht um eine Antwort verlegen. Lassen Sie mich nur noch, bevor ich Ihnen die Bühne überlasse, Sie unserem Publikum vorstellen: 1941 in Hannover geboren, entschied sich Jobst Plog nach dem Abitur für das Studium der Rechte. Er war nach Studium und Referendariat zunächst als Rechtsanwalt tätig, und zwar in Hannover und in Hamburg. Zum Rundfunk kam er auch über die Juristerei, nämlich als Justitiar des Norddeutschen Rundfunks in Hamburg. Dort zeigte er, dass er mehr als nur das Recht beherrscht, und da das auch anderen auffiel, wurde er 1991 zum Intendanten gewählt und blieb das

16 Jahre lang bis Ende 2007. Von 1993 bis 1994 und nochmals von 2003 bis 2004 war Jobst Plog zugleich Vorsitzender der ARD. Seine besondere Affinität zum französischen Nachbarn macht sich unter anderem dadurch bemerkbar, dass er von Anfang an beim deutsch-französischen Kulturkanal ARTE eine entscheidende Rolle spielte, von 1999 bis 2002 sogar dessen Präsident war und bis heute Vizepräsident der ARTE-Mitgliederversammlung ist. Und in diesem Zusammenhang trat auch die Robert Bosch Stiftung zum ersten Mal in sein Leben. Jobst Plog war es nämlich, der uns bei der Entwicklung und Durchführung unseres Programms für deutsche und französische Fernsehjournalisten intensiv beraten und unterstützt hat und ohne den das Programm wahrscheinlich nicht zustande gekommen wäre. Dafür an dieser Stelle auch noch einmal herzlichen Dank.

Schließlich sei noch erwähnt, dass Jobst Plog mit zahlreichen Auszeichnungen und Preisen geehrt wurde. Ich nenne hier nur die Ernennung zum Offizier der französischen Ehrenlegion und die Verleihung des Bundesverdienstkreuzes 1. Klasse.

Jetzt aber, lieber Herr Plog, freuen wir uns auf Ihren Vortrag.

Jobst Plog

## Wohin steuern die Medien in Europa?
Jobst Plog

Die weite und offene Fassung meines Vortragsthemas macht zu Beginn einige Eingrenzungen erforderlich. Ich sehe meine Aufgabe nicht darin, Ihnen eine detaillierte Übersicht über die Medienlandschaft in den verschiedenen europäischen Ländern zu geben. Vielmehr werde ich versuchen, allgemeine Entwicklungen aufzuzeigen, die für die europäische Medienlandschaft von Bedeutung sind.

Schon aufgrund meiner eigenen Erfahrungen und Kenntnisse werde ich die Medienentwicklung in Deutschland dabei in den Mittelpunkt stellen. Dort, wo es sinnvoll ist, werde ich jeweils Blicke nach Frankreich und Großbritannien werfen. Was Italien anbelangt, so bleibt abzuwarten, welche zusätzlichen Schritte Berlusconi einfallen, um sein Medienimperium gegen unliebsame Konkurrenz weiter abzusichern. Mit Frankreichs Medienlandschaft bin ich aufgrund meiner mehr als 15 Jahre langen engen Verbindung mit dem deutsch-französischen Kulturkanal ARTE besonders vertraut. ARTE als deutsch-französischer Versuch, supranationales Fernsehen für Europa zu veranstalten, betrachte ich gesondert am Ende meines Vortrages.

### Ausgangspunkt: Die Medienordnung in Deutschland

Den Ausgangspunkt meiner Überlegungen bildet ein kurzer Blick auf die Medienordnung in Deutschland. Die Frage: Wohin die Medien in Europa in Zukunft steuern, ist maßgeblich mit den Entwicklungen in der Vergangenheit verbunden. Ein freiheitliches System von Rundfunk und Presse verdankt Deutschland den westlichen Alliierten. Die Nationalsozialisten hatten Rundfunk und Presse als reine Propagandamaschine aufgebaut und missbraucht. Sowohl die Alliierten selbst als auch die politischen Kräfte im Nachkriegsdeutschland waren gemeinsam bemüht, Rundfunk und Presse so zu gestalten, dass diese einen wesentlichen Beitrag zum Aufbau einer demokratischen

Gesellschaft leisten konnten. Was die Presse anbelangt, konnte weitgehend an freiheitliche Erfahrungen auch in der Weimarer Republik angeknüpft werden.

Die Presselandschaft wurde weitgehend den Marktgesetzen überlassen in der Hoffnung, dass sich auch in einem Marktsystem Qualitätspresse erhalten und durchsetzen lässt. Marktentwicklungen wurden in der Folgezeit primär durch Konzentrationsregeln begrenzt.

Was die elektronischen Medien anbelangt, hatten die Alliierten prinzipiell die Möglichkeit für drei verschiedene Ansätze. Die Vereinigten Staaten hatten im eigenen Land das Modell des kommerziellen Rundfunks, das ganz wesentlich Marktgesetzen folgt. Die Franzosen waren an einen deutlich näher bei staatlichen Interessen angesiedelten Rundfunk gewöhnt. Bei ihnen hatte der Staat historisch jeweils auch die Rolle des Garanten der persönlichen Freiheit und der Kultur. Traumatische Erfahrungen mit dem Missbrauch der Medien durch den Staat wie bei uns in Deutschland gab es in Frankreich nicht.

Über die damalige Sowjetunion und ihren Einfluss in der Sowjetzone braucht hier nicht geredet zu werden. Ein freiheitliches Rundfunksystem ist dort weder konzeptionell noch in der Realität entstanden. Pressefreiheit in unserem Sinne gibt es auch im heutigen Russland nicht. Ein noch vergleichbar harmloses Beispiel aus jüngster Zeit: Eine angeblich falsche Meldung über Scheidungsabsichten von Putin führte alsbald zum Verbot der betreffenden Zeitung.

Erfreulicherweise sind die britischen Erfahrungen mit dem Modell der BBC für die Entstehung des öffentlich-rechtlichen Rundfunks weitgehend prägend gewesen. Nach den Regeln der BBC war Rundfunk staatsfern und frei von kommerziellen Interessen zu betreiben.

Für den Norddeutschen Rundfunk in Hamburg war die BBC auch in der Person von Sir Hugh Greene vor Ort vertreten. Greene, Bruder des Schriftstellers Graham Greene, hatte vor dem 2. Weltkrieg als Korrespondent aus Deutschland berichtet und während des Krieges dann den deutschen Dienst der BBC geleitet. Nach dem Kriegsende wurde Greene an die Spitze von »Radio Hamburg«, dem Vorgänger des Nordwestdeutschen Rundfunks, gestellt. Nach seiner Zeit in Hamburg wurde er später Generaldirektor der BBC.

Die Überlegung, Rundfunk müsse frei von staatlichen und parteipolitischen Interessen aufgebaut werden, leuchtete auch den Politikern, die im Widerstand gegen das Hitlerregime gestanden hatten, nicht automatisch ein. Sie wollten die Demokratie in Deutschland aufbauen. Sie wollten den Rundfunk bewusst zur demokratischen Erziehung der Menschen einsetzen. Sie hielten es deswegen für naheliegend, ihren Einfluss über die Rundfunkgremien auf das Programm einzusetzen. Im Verlauf der langen Jahre demokratischer Entwicklung in Deutschland sind diese Versuche zwar zurückgegangen, verschwunden sind sie indes bis heute nicht. Wenn es gleichwohl gelungen ist, politischen Einfluss zurückzudrängen und in Grenzen zu halten, so ist dies allein der Rechtssprechung des Bundesverfassungsgerichts in Karlsruhe zu verdanken. In einer Reihe von Grundsatzurteilen hat das Bundesverfassungsgericht das Grundrecht der Rundfunkfreiheit herausgearbeitet und die Programmautonomie der Rundfunkanstalten gegenüber politischem und staatlichem Einfluss durchgesetzt.

Exemplarisch in diesem Zusammenhang sind die Entscheidungen des Gerichts zur Zusammensetzung der Kommission zur Ermittlung des Finanzbedarfs der Rundfunkanstalten (KEF) und die jüngste Entscheidung aus dem Jahre 2007, in der die aus medienpolitischen Gründen erfolgte Kürzung des von der KEF ermittelten Finanzbedarfs durch die Bundesländer als verfassungswidrig bezeichnet worden ist.

Das Monopol der öffentlich-rechtlichen Rundfunkanstalten hat das Bundesverfassungsgericht zunächst unter Hinweis auf die Frequenzknappheit gerechtfertigt, die eine Marktentwicklung nicht erlaube.

Mit der Gründung des Zweiten Deutschen Fernsehens, das Konrad Adenauer an und für sich als Bundesanstalt gründen wollte, war auch der Versuch verbunden, neben den angeblich eher linksliberal aufgestellten ARD-Anstalten eine plurale Erweiterung in den liberal-konservativen Bereich hinein zu schaffen.

Eine entscheidende Veränderung der Medienlandschaft Deutschland folgte durch die aus politischen Gründen beschlossene praktisch flächendeckende Verkabelung der damaligen Bundesrepublik. Die liberal-konservative Bundesregierung wollte auf diese Weise eine private Alternative zu den öffentlich-rechtlichen Anstalten schaffen und versprach sich ganz eindeutig von den privaten Rundfunkanstalten eine eher konservative Betrachtung der politischen Landschaft.

Vor diesem Hintergrund ist zu erklären, dass in der Bundesrepublik mit einem Aufwand von mehreren 100 Millionen Mark aus Steuermitteln den privaten Rundfunkveranstaltern ihre technische Infrastruktur praktisch geschenkt worden ist. Es gibt weder in Europa noch in den Vereinigten Staaten ein vergleichbares Beispiel. Der schnelle wirtschaftliche Erfolg insbesondere von RTL in Deutschland ist auch so zu erklären.

Wer sich heute die Programme der privaten Rundfunkveranstalter ansieht, mag gelegentlich daran zweifeln, ob die politischen Erwartungen an den privaten Rundfunk wirklich eingetreten sind. Realityformate, Casting Shows, Call-In-Sendungen und Daily Soaps stören eher den wertekonservativen Teil der Gesellschaft. In der Tat vermehren sich die kritischen Stimmen zum real existierenden Programm der privaten Veranstalter. Ich nenne hier nur den bayerischen Landtagspräsidenten

Alois Glück und den Ministerpräsidenten von Baden-Württemberg Günther H. Oettinger. Wahrscheinlich waren diese Erwartungen von Anfang an politisch eher naiv. Kommerzieller Rundfunk muss sich nach den Interessen der Zuschauer richten. Er muss das anbieten, was von den Zuschauern genutzt wird. Anders rechnet sich ein privatwirtschaftliches Modell nicht.

Von Interesse ist an dieser Stelle ein Blick nach Frankreich und Großbritannien, in denen es keine flächendeckende Verkabelung gegeben hat. In diesen Ländern wurden nur wenige neue private Sender als Free-TV lizenziert. Offenbar hatte man keine Gelder für die Verlegung von Kabel übrig oder sah politisch nicht ein, warum man kommerziell orientierten Unternehmen mit staatlichen Geldern auf die Sprünge helfen sollte.

Wegen der europaweiten Knappheit an Antennenfrequenzen gab es keinen Platz, neben den öffentlich-rechtlichen Sendern auch noch eine – wie es die Medienjuristen in Deutschland nannten – »Vielfalt« von privat finanzierten Sendern zuzulassen. So müssen sich bis heute 70 Prozent der französischen Fernsehhaushalte mit dem Empfang von nur sechs frei Haus gelieferten Fernsehkanälen begnügen, weil in Frankreich immer noch 62 Prozent der Fernsehversorgung über analoge Antennenfrequenzen erfolgt. Allerdings: Mangels Verkabelung hat Frankreich in Sachen Pay-TV die Nase in Europa vorne. Das Abo-Fernsehen von Canal-Plus wurde schon 1984 als einer von sechs Kanälen über eine analoge Fernsehfrequenz realisiert und gehört in Frankreich seit jeher sozusagen zur »Grundversorgung«. Einen Markt wie in Deutschland, mit mehr als 30 frei zu empfangenden Fernsehprogrammen wird es in Frankreich erst nach und nach mit dem digital-terrestrischen Fernsehen geben. Auch in Großbritannien kann die Mehrheit der Fernsehhaushalte durchschnittlich sogar nur fünf Programme frei empfangen. 41 Prozent werden terrestrisch versorgt. Auch dort ist also mangels vorhandener frei empfangbarer Vielzahl von Programmen Pay-TV erfolgreich.

Umgekehrt ist die Verkabelung in Deutschland letztlich der Grund für die relative Erfolglosigkeit von Pay-TV. Ausgerechnet die politischen Kräfte, die mit der Verkabelung das private Fernsehen durchsetzen wollten, haben den Weg zu erfolgreichen Bezahlfernseh-Modellen zunächst verbaut. Mehr noch: Die Verkabelung hat auch ein beachtliches Wachstum des öffentlich-rechtlichen Fernsehens ermöglicht.

Ich nenne hier die Spartenprogramme 3Sat, ARTE, Phoenix sowie den Kinderkanal und die bundesweite Verbreitung aller dritten Programme. Dieses ungewöhnlich breite öffentlich-rechtliche Angebot erklärt mindestens teilweise die relative Höhe der Rundfunkgebühr in Deutschland. Pay-TV wird erst dann in Deutschland erfolgreich sein, wenn massenattraktives Programm mangels Finanzierbarkeit aus dem öffentlich-rechtlichen Rundfunk verschwindet und wenn die privaten Sender ihre Preziosen aus dem frei empfangbaren Fernsehen in eigene Pay-TV-Angebote verlagern.

Auch nach dem Ausbau des sogenannten Dualen Systems mit mehr als 30 öffentlich-rechtlichen und privaten Fernsehprogrammen hat das Bundesverfassungsgericht das System der Gebührenfinanzierung für den öffentlich-rechtlichen Rundfunk ausdrücklich verteidigt. Nach gründlicher Analyse der privaten Programme gelangte das Gericht zu der Einschätzung, dass der große finanzielle Aufwand für Fernsehen und der dadurch ausgelöste Druck auf ein Programmangebot für große Mehrheiten nicht zu einem vielfältigen Programmangebot führe und außerdem Konzentrationstendenzen erzeuge. Deswegen sei ein voll funktionsfähiger, von politischen und wirtschaftlichen Interessen freier pluraler öffentlich-rechtlicher Rundfunk die verfassungsrechtliche Voraussetzung für die Zulassung von privaten Rundfunkprogrammen.

Das Bundesverfassungsgericht erteilte also allen Überlegungen eine verfassungsrechtliche Abfuhr, nach denen öffentlich-rechtlicher Rundfunk durch einen Markt nach dem Vorbild der Presse ersetzbar sei.

Man wird heute davon ausgehen können, dass das Duale System im Grundsatz von allen politischen und gesellschaftlichen Kräften in Deutschland und auch von den Veranstaltern selbst akzeptiert ist. Die Konflikte haben sich auf eine andere Ebene verlagert. Es geht jetzt um die Frage, welche Zukunftsentwicklungen die Medienlandschaft in Deutschland beeinflussen und wie sich die Entwicklungen auf die journalistische Arbeit und auf die bestehenden Medienunternehmen auswirken.

### Welche Zukunftsentwicklungen beeinflussen die Medien?

Die Medienlandschaft hat sich durch die rasante technische Entwicklung der letzten Jahre stark verändert. Wann haben Sie beispielsweise das erste Mal eine E-Mail verschickt? Seit wann nutzen Sie das Internet regelmäßig? Bei den meisten hier im Raum dürfte das ungefähr 10 Jahre her sein oder sogar kürzer! 10 Jahre, die das Mediennutzungsverhalten völlig auf den Kopf gestellt haben. Mittlerweile gehören E-Mail und Internet selbstverständlich zum Alltag. Weder aus dem Privat- noch aus dem Berufsleben sind sie wegzudenken. Vieles ist dadurch leichter, schneller und unkomplizierter geworden. Mittlerweile lassen sich dank Flatrates und DSL-Verbindungen Videos und Audios problemlos einstellen und verschicken. YouTube ist damit zu einem der beliebtesten Anbieter im Netz geworden. Die Seite ist das Paradebeispiel für das Web 2.0 und das gefühlte Video- und Audioarchiv im Internet. Für einige Nutzer ist es sogar bereits eine Art Fernsehersatz. Im Oktober 2006 hat Google YouTube, für den beachtlichen Preis von 1,65 Milliarden Dollar gekauft. Und auch andere einstige Internet Start-Ups sind inzwischen die big player im Internet und werden von den »alten« Medienunternehmen und Finanzinvestoren umworben.

Für das Studentenportal Studi-VZ zahlte die Holtzbrinck-Verlagsgruppe im Januar 100 Millionen Euro, für My Space bekam der Medienmogul Rupert Murdoch den Zuschlag – für einen Preis von 580 Millionen Dollar. Jeder will mit dabei sein. Eine natürliche Begrenzung unter der sich der Medienmarkt – wie eingangs skizziert – entwickelt hat, gibt es nicht mehr. Es gibt Programmflächen für Jedermann, jederzeit. Jeder der möchte, kann einen Text oder ein Video veröffentlichen. In Zukunft wird sich das Internet noch stärker weit über den PC ins Leben der Menschen ausdehnen. Die einzige natürliche Grenze wird die Aufmerksamkeit der Nutzer sein. Bereits jetzt liegt die tägliche Mediennutzung bei durchschnittlich zehn Stunden. Eine weitere Steigerung scheint kaum möglich. Das heißt, immer mehr Anbieter werden versuchen, einen größtmöglichen Anteil des Medienzeitbudgets jedes Einzelnen zu erhalten. Der Wettbewerb wird härter.

Die Zeiten, in denen die Menschen in ihren Wohnzimmern alle die gleiche Samstagabend-Show im Fernsehen verfolgt haben, sind vorbei. Die Einschaltquoten vergangener Tage damit auch. Das Gemeinschaftserlebnis Fernsehen gehört der Vergangenheit an. Einzig Ereignisse wie die Fußball-Weltmeisterschaft bilden eine Ausnahme. Der Zuschauer kann sich sein Programm selbst zusammenstellen, und er wird es in Zukunft noch mehr tun. Festplattenrekorder und Internetfernsehen schaffen eine Unabhängigkeit und zeitliche Flexibilität. Der Zuschauer und nicht der Programmmacher entscheidet, wann er was konsumieren möchte. Diese Entwicklung kommt vor allem den sogenannten »special-interest-Programmen« zu Gute.

Sie sind nicht mehr abhängig vom Wohlwollen eines Programmdirektors, sondern werden von den Interessierten im Netz gefunden und gesehen. Auch die öffentlich-rechtlichen Sender nutzen diese Entwicklung und bieten mit ihren Digitalkanälen EinsExtra, EinsFestival oder auch dem ZDF-InfoKanal dem Zuschauer einen Mehrwert über die bisherigen Kanäle hinaus. Hier laufen ausführliche Informationsangebote, lange Reportagen und kulturelle Highlights. Es gibt Raum für vertiefende, ausführliche Darstellung. Es gibt nichts, was es nicht gibt: Positiv wie negativ! Denn die Freiheit im Netz hat durchaus auch ihre Schattenseiten.

### Wie wirkt sich das auf den Journalismus aus?

Lutz Hachmeister hat in einem Vortrag bei dem von der Robert Bosch Stiftung ausgerichteten Treffen deutsch-französischer Fernsehjournalisten in Paris Journalismus in seiner professionellen Ausprägung als auf vier voneinander unabhängigen Ressourcen aufbauend beschrieben: Recherche und Stil, Zeit und Geld. Die soeben skizzierten Trends lösen Entwicklungen aus, die mit diesen Grundsätzen nicht mehr viel zu tun haben. Zurückhaltend formuliert führt die Entwicklung zu neuen Spannungsfeldern für den Journalismus. Es scheint zunehmend weniger wichtig, was gesagt wird, sondern wann es gesagt wird. Das Tempo hat in den vergangenen Jahren so zugenommen, dass sich die Anzeichen mehren, dass immer öfter auch die Qualität leidet.

Ein einfaches Beispiel für die veränderten Gegebenheiten: Niemand, der um 20 Uhr die Tagesschau einschaltet, hat noch keine Nachrichten an diesem Tag konsumiert. Angesichts von Nachrichtendiensten bei E-Mail-Anbietern, Flatscreens in U-Bahnen und Internet im Büro, sind die meisten Menschen bestens informiert. Bei vielen Journalisten scheint deshalb die Losung zu gelten: Egal wie, aber als erster mit der Nachricht auf dem Markt zu sein. »Reflex statt Reflexion!« – wie Frank Schirrmacher es so treffend ausgedrückt hat. Zeit für eine gründliche Recherche bleibt in vielen Redaktionen nicht mehr, auch deswegen, weil die Recherchekapazitäten in den Redaktionen in schwierigeren Zeiten vielfach unüberlegt und überhastet abgebaut worden sind. Die Grenzen zwischen den Mediengattungen verschwimmen, in vielen Verlagen entstehen in ein und demselben Newsroom Beiträge für Print, Online, Audio und Video. Jeder will Nachrichten überall und jederzeit. Die Journalisten schaffen oft kaum mehr, als im Rudel zu Pressekonferenzen zu fahren und einen Standardtext darüber abzuliefern. Die exklusive Nachricht, die investigative Geschichte bleibt immer öfter auf der Strecke. Der Blick zu den Nachrichtenagenturen reicht eben nicht aus, ebenso wenig wie der Klick zu Google. Für eine exklusive, bewegende Geschichte braucht es Zeit, Geduld, Geld und Unabhängigkeit.

Statt harter Fakten landen immer öfter Meldungen aus dem Bereich des Bunten, Sensationellen und Persönlichen selbst in Informationsprogrammen. Die Grenzen zwischen Unterhaltung und Information sind durchlässiger geworden.

Nur noch die 20-Uhr-Tagesschau hat kürzlich noch mit Meldungen über die Politik in Frankreich begonnen und dann in einer Randnotiz die Äußerungen des französischen Präsidenten zu seiner Beziehung mit Carla Bruni gemeldet. Fast überall waren Spekulationen über die Hochzeit an diesem Tag der Aufmacher auch in den Informationsprogrammen.

Hinzu kommt, dass mindestens ein Teil der Mediennutzer immer stärker eine aktive Rolle sucht und mit Blogs im Internet auf aktuelle Entwicklungen reagiert und sie dadurch bisweilen auch beeinflusst. Diese Interaktion mit dem Nutzer eröffnet neue Möglichkeiten: Internet-Journalismus ist auch ein Dialogmedium. Geschichten verändern sich dynamisch. Durch die Verknüpfung mit anderen Internetseiten entsteht ein Netzwerk der Informationen. Das passt zur Komplexität der Welt, und es eröffnet neue Perspektiven.

Zeitungsmacher bekommen ein Feedback. Das muss nicht immer angenehm sein, wie ein Journalist der Süddeutschen Zeitung unlängst ausführte. Innerhalb weniger Minuten erntete er für einen Kommentar Häme und Beleidigungen der Blogger im Netz. Die Welt der Blogs, so fasste er seine Erfahrungen zusammen, ist roher, verletzender als die der klassischen Medien. Derartige Formverletzungen, um es einmal milde auszudrücken, werden auch dadurch erleichtert und in der Regel sanktionslos gelassen, weil sich der Dialog weitgehend anonym abspielt.

Die skizzierte Entwicklung hat in einigen Häusern dazu geführt, journalistische Inhalte lediglich als »Content« zu bewerten und den Aufwand für Journalismus weiter zu verringern.

Einordnung und Gewichtung, diese Kernaufgaben des Journalisten, werden im digitalen Medienzeitalter aber nicht überflüssig – sie werden noch viel wichtiger als früher sein. Der Journalist muss zum Lotsen im Internet werden und durch das dichte Netz der Informationen führen.

### Auswirkungen auf die bestehenden Medienunternehmen

Zwischen öffentlich-rechtlichem Rundfunk und Printmedien hat es in der Vergangenheit Interessenkonflikte eigentlich nur dann und deswegen gegeben, weil diese oder jene Zeitung privaten Medienunternehmen verbunden ist und sich gelegentlich in medienpolitischen Auseinandersetzungen durchaus instrumentalisieren ließen.

Da der Rundfunk aber keine Printerzeugnisse in den Markt gebracht hat, ist es nicht zu ernsthaften Auseinandersetzungen gekommen. Das hat sich erheblich verändert. Die Verleger haben Zweifel daran, ob das traditionelle Geschäftsmodell mit Zeitungen und Zeitschriften in Zukunft trägt. Dazu tragen kontinuierliche Auflagenverluste insbesondere bei den Tageszeitungen bei. Fast alle deutschen Tageszeitungen verlieren jährlich im Schnitt 1 Prozent ihrer Auflage. Insbesondere jüngere Menschen wandern ins Internet ab. Das lässt sich mit Zahlen belegen. Von den jungen Männern wollen 34 Prozent nicht mehr auf den Computer verzichten. Nur 18 Prozent halten den Fernseher für unverzichtbar. Die Zeitungen liegen nach dieser Umfrage, die im Zweifel schon wieder überholt ist, weil sie ein Jahr alt ist, bei ganzen 2 Prozent. Bei den jungen Frauen rangiert der MP3-Player noch vor dem Fernseher mit 19 Prozent und dem Computer mit 17 Prozent (Quelle: DIE ZEIT, 8.2.07).

Die Krise im Anzeigengeschäft der vergangenen Jahre, die inzwischen weitgehend überwunden ist, hat die Befürchtungen der Verleger verstärkt. Sie sehen ihre Zukunft in Online-Auftritten. Die öffentlich-rechtlichen Rundfunkanstalten haben ein ähnliches Problem, weil junge Menschen das Internet bevorzugen und traditionelle Fernseh- und Hörfunkangebote eher nicht nutzen. Verleger und Rundfunkanstalten versuchen daher verstärkt, ihre Kunden dort anzusprechen, wo sie sich wirklich aufhalten. Sie entwickeln neue Internet-Angebote.

Im Internet werden sich also Rundfunkanstalten einerseits und Printmedien andererseits begegnen. Als Konkurrenten um Nutzer. Die Vorboten dieser Auseinandersetzung können Sie Woche für Woche in überaus polemischen Artikeln in der Presse nachlesen.

Dabei scheinen die Kollegen von den Printmedien weniger an der verbindlichen verfassungsrechtlichen Ausgangslage, die durch das letzte große Rundfunkurteil des Bundesverfassungsgerichts verbindlich für alle Akteure festgelegt worden ist, als an ihrer eigenen Interessenlage und ihren offensichtlichen Zukunftsängsten orientiert zu sein. Das ist verständlich, denn wenn das traditionelle Modell von Zeitungen und Zeitschriften nicht mehr tragen sollte, kommt Existenzangst auf, und man will im Internet nicht auf gebührenfinanzierte Konkurrenten stoßen, die vermeintlich mit unbegrenztem Aufwand arbeiten können. Hier ist zunächst zu mehr Gelassenheit zu raten. Ich glaube – genau wie viele andere ernsthafte Betrachter der Entwicklung – uneingeschränkt an die Zukunft von Printmedien.

Im Internet lässt sich eine Fülle von Informationsmaterial abrufen. Was fehlt, ist eine kompetente Einordnung, Analyse und Kommentierung der Informationsflut. Hier ist und bleibt ein wichtiger Platz für Qualitätspresse. Leider haben Verlage in vielen Fällen auf den drohenden Auflagen- und Anzeigenverlust in den vergangenen Jahren mit Qualitätsabbau in den Redaktionen, insbesondere was den recherchierenden Journalismus anbelangt, reagiert. Sie haben übersehen, dass gerade das Qualitätssegment im Journalismus verstärkt werden muss. Es fällt auf, dass Qualitätspresse teilweise steigende Auflagen verzeichnet und auch Preiserhöhungen ohne größere Probleme durchsetzen kann. Ich möchte in diesem Zusammenhang nur »DIE ZEIT« erwähnen, die in den letzten Jahren ihre Auflage steigern und den Verkaufspreis zugleich anheben konnte. Ich glaube persönlich, dass Zeitungen und Zeitschriften mit Qualitätsangeboten, die die Defizite des Internets ausgleichen, eine beachtliche Zukunftschance haben und dass Verluste bei den Auflagen und im Anzeigenbereich mindestens partiell durch Preissteigerung ausgeglichen werden können. Alle Erfahrung in der Vergangenheit lehrt, dass neue Medien alte Medien nicht ersetzen, sondern dass sich ein Nebeneinander entwickelt, das in diesem Fall auch der traditionellen Presse eine Chance lässt.

In die gleiche Richtung argumentiert der Vorstandsvorsitzende des Springer-Verlages Mathias Döpfner in WELT ONLINE in einem Beitrag, der sich wohltuend von der Depression mancher Verbandsvertreter und der Aufgeregtheit auf Medienseiten abhebt.

Laut Döpfner lässt sich die Depression der Branche auf zwei vorherrschende Thesen verkürzen:
»Wir stehen kurz vor dem Untergang, denn alles im Verlagsgeschäft ändert sich. Wir werden nur dann nicht untergehen, wenn wir alles anders machen als bisher«.

Diesen Thesen widerspricht Döpfner wie folgt:
»Wir werden nicht untergehen, denn es ändert sich weniger, als wir denken. Wir dürfen nicht alles anders machen als bisher, denn sonst gehen wir wirklich unter«.

Döpfner hält für sicher, dass sich das Trägermedium der Zeitung ändert. Elektronisches Papier ersetzt Zeitungspapier. Das Kreativmedium bleibe indes durch Journalismus erhalten. Das Internet werde das Medienangebot ergänzen, nicht aber ersetzen. Das Erfolgsrezept dafür sei dasselbe wie gestern: Exklusive Neuigkeiten, eigenständige Meinungen und eine eindringliche Sprache. Also genau das, was durch eine immer größere Geschwindigkeit im Internet und durch die Verlagerung von Investitionen und Personal vom Printbereich in das Internet eher zusätzlich gefährdet worden ist.

Selbst wenn also die allgemeine Untergangsstimmung einiger Verbandsvertreter kaum nachvollziehbar ist und manche Polemik gegen den öffentlich-rechtlichen Rundfunk maßlos erscheint, es bleibt dabei: Auch die Verleger haben ein berechtigtes Interesse, ihren bisherigen Kunden auch in die neuen Medien zu folgen. Dieses Interesse ist allerdings nicht höherwertiger als das Interesse der öffentlich-rechtlichen Veranstalter, den Fernseh- und Radionutzern in neue technische Verbreitungswege mit neuen Angeboten zu folgen. Verbandsvertreter der Verlage und auch ein Teil der Bundesländer, an ihrer Spitze das Land Bayern, haben die Rechtsauffassung vertreten, der öffentlich-rechtliche Rundfunk dürfe nur dann digitale neue Angebote machen, wenn in bestimmten Bereichen noch kein Markt durch private Veranstalter entstanden sei. Diese »Sekundär-Zuständigkeit« des öffentlich-rechtlichen Rundfunks entspricht eher dem Wunschdenken als der Rechtslage. Sie würde zum Beispiel zu dem grotesken Ergebnis führen, dass ARD und ZDF im Kernbereich ihrer Kompetenz nicht ohne Weiteres einen Nachrichtenkanal anbieten könnten, weil n-tv und N24 bereits Angebote im Markt haben, die sie jedenfalls als Nachrichtenkanäle bezeichnen, obwohl man daran erhebliche Zweifel haben kann. Der Nachrichtenanteil bei N24 und n-tv liegt laut einer Studie von NDR und ZDF aus dem Jahr 2007 nur noch bei 25,5 bzw. 35 Prozent bei n-tv. In beiden Programmen dominieren Dokumentationen, Reportagen und Magazine.

Die Vorstellung, der öffentlich-rechtliche Rundfunk sei im Bereich der neuen Medien nur sekundär zuständig und dürfe keine zusätzlichen Angebote machen, wenn es bereits etablierte private Angebote gebe, ist durch eine Entscheidung der Europäischen Kommission im Frühjahr 2007 entstanden. Dieser Entscheidung liegt eine Einigung der Bundesrepublik mit der Kommission zugrunde (sogenannter Beihilfe-Kompromiss).

Die behauptete »Lückenfüller-Funktion« lässt sich der Entscheidung der Kommission indes nicht entnehmen. Auch nach Ansicht der Kommission sind öffentlich-rechtliche Angebote im Internet immer dann legitim, wenn sie eine Bedeutung für den Meinungsbildungsprozess haben und wenn sie einen spezifischen Beitrag zur Deckung der demokratischen, sozialen und kulturellen Bedürfnisse der Gesellschaft leisten.

Die Kommission befindet sich insoweit in Übereinstimmung mit dem Bundesverfassungsgericht, das auch in seinem letzten Fernsehurteil ausdrücklich daran festhält, dass der private Rundfunk im Dualen System nur durch die Existenz und das Funktionieren des öffentlich-rechtlichen Rundfunks legitimiert ist. Nur dann, wenn öffentlich-rechtlicher Rundfunk seine Aufgabe in vollem Umfang erfüllt, ist es zulässig, an den privaten Rundfunk rechtlich abgesenkte Anforderungen zu stellen. Das Bundesverfassungsgericht hat diesen Gedanken noch akzentuiert, weil sich die Gefahren für die Vielfalt im privaten Bereich nach seiner Ansicht durch zunehmenden Wettbewerbsdruck verstärken. Dies führt nach Ansicht des Gerichts zu verzerrenden Darstellungsweisen, Bevorzugung des

Sensationellen und zur Skandalisierung von Vorgängen. Das Gericht verweist auch auf den Bericht der Kommission zur Ermittlung der Konzentration im Medienbereich, in dem nachgewiesen wird, dass der Prozess horizontaler und vertikaler Verfechtung auf den Medienmärkten weiter voranschreitet und mit neuer Technik zudem die Möglichkeit zunimmt, Einfluss auf die Rezipienten zu nehmen.

Insoweit ist es nur konsequent, dass diese rechtlichen Gesichtspunkte auch auf digitale Angebote erstreckt werden. Wolfgang Hoffmann-Riem, der Berichterstatter im letzten Fernsehurteil, hat die Auffassung des Gerichts gerade noch einmal in der Süddeutschen Zeitung in einem Interview wie folgt unterstrichen:

»Ich halte das Internet für die größte kommunikationsbezogene Revolution der letzten Jahrzehnte. Die verschiedenen Akteure müssen Zugang zu diesen neuen Möglichkeiten haben – auch der öffentlich-rechtliche Rundfunk. Er braucht das Internet nicht nur zur programmbegleitenden Information, sondern als eigenständig gestaltetes Medium. Auch die Zeitungen werden ein kluges Zusammenspiel mit dem Internet entwickeln müssen. Die Geschichte zeigt, dass nie ein Medium völlig verschwindet, sondern dass durch neue Medien ein größere Diversifikation entsteht.« Gegen das Urteil aus Karlsruhe ist in der Presse in fast einzigartiger Weise polemisiert worden. Man hatte den Eindruck, nicht das höchste deutsche Gericht habe gesprochen, sondern es handele sich um das Amtsgericht Castrop-Rauxel.

In einem publizistischen Trommelfeuer, das in der Politik unmittelbare Wirkung zeigt, versuchen Verbandsfunktionäre und einige Politiker, sowohl die Entscheidung aus Brüssel als auch die Entscheidung des Bundesverfassungsgerichts in der staatsvertraglichen Umsetzung zu konterkarieren. Eine ganze Reihe von jetzt diskutierten und vorgeschlagenen Regelungen greift erkennbar in die verfassungsrechtlich geschützte Autonomie der Rundfunkanstalten ein.

Die Länder sind von Brüssel aufgerufen, in einem Rundfunkstaatsvertrag das Verfahren für neue Angebote der öffentlich-rechtlichen Rundfunkanstalten zu konkretisieren. Sie wollen die Rundfunkanstalten verpflichten, für neue oder veränderte digitale Programmangebote einen sogenannten Drei-Stufen-Test durchzuführen.

Danach wird für jedes solche Angebot geprüft
1. Ob es zum öffentlich rechtlichen Auftrag gehört und damit den demokratischen, sozialen und kulturellen Bedürfnissen der Gesellschaft entspricht und
2. Dass es in qualitativer Hinsicht zum publizistischen Wettbewerb beiträgt und
3. Welcher Aufwand für das neue Angebot vorgesehen ist.

Dieser Drei-Stufen-Test ist nur dann verfassungsrechtlich haltbar, wenn er die Programmautonomie der Rundfunkanstalten voll respektiert. Naheliegend ist die Beteiligung der rundfunkinternen Aufsichtsgremien. Sie haben die gesellschaftliche Kontrolle über den Rundfunk. Auch die Einschaltung unabhängigen neutralen Sachverstands kann man erwägen.

Nicht hinnehmbar ist, dass die potentiellen Konkurrenten, die bereits kommerzielle Angebote im Markt haben, mit entscheiden dürfen, ob sie publizistischen Wettbewerb mit öffentlich-rechtlichen Rundfunkveranstaltern haben wollen oder nicht. Genau so wenig verfassungsrechtlich haltbar wären staatliche Eingriffe in die Programmautonomie der Rundfunkanstalten. Diese werden also genau darauf achten müssen, ob die staatsvertragliche Umsetzung der Präzisierungsvorstellungen aus Brüssel mit dem Verfassungsrecht vereinbar ist. Sie werden sich realistischerweise darauf einstellen müssen, erneut das Bundesverfassungsgericht in Karlsruhe mit der Überprüfung der staatsvertraglichen Regelung zu befassen. In diesem Zusammenhang möchte ich mit Sorge darauf hinweisen, in wie vielen Fällen etwa im Bereich der Abgrenzung von Sicherheitsinteressen des Staates einerseits und der Freiheitsinteressen seiner Bürger andererseits das Bundesverfassungsgericht in den letzten Monaten und Jahren politische Entscheidungen hat korrigieren müssen. Offenbar hat die Politik Mühe, freiheitssichernde Entscheidungen des Bundesverfassungsgerichts zur Rundfunkfinanzierung, zur Online-Durchsuchung oder zum großen Lauschangriff zu respektieren.

An und für sich kann man nur hoffen, dass die Länder in der staatsvertraglichen Umsetzung der Brüsseler Empfehlung das Urteil des Bundesverfassungsgerichts strikt beachten. Da man das nach den gemachten Erfahrungen keineswegs ohne Weiteres unterstellen kann, kann man nur hoffen, dass die Landesrundfunkanstalten und das ZDF notfalls erneut die Kraft zu einem Gang nach Karlsruhe aufbringen.

An dieser Stelle muss daran erinnert werden, dass auch die letzte Anrufung des Bundesverfassungsgerichts wegen der aus politischen Gründen erfolgten Kürzung der Gebührenempfehlung der KEF durch die Länder nur sehr zögerlich erfolgt ist. Es gab handfeste Drohungen der Länder, die in vielen Rundfunkgremien Gehör fanden. Insbesondere bei Gremien, in denen die Politik besonders hochrangig vertreten ist. Aber immerhin: Am Ende haben alle Intendanten hinter der Verfassungsbeschwerde gestanden. Sie sollten sich durch das Getöse von Seiten der Konkurrenten nicht irritieren lassen. Es ist all zu durchsichtig, dass hier im Interesse eigener wirtschaftlicher Zielvorstellungen gefochten wird. Solange sich die Verbandsvertreter der Verleger nicht auf die Basis des Karlsruher Urteils stellen können, halte ich nicht viel davon, Kooperationsmodelle mit ihnen zu diskutieren. Mancher der Akteure auf öffentlich-rechtlicher Seite mag sich davon versprochen haben, dass Kooperationsgespräche die Diskussion versachlichen würden. Das war ein Irrtum. Die polemische Auseinandersetzung gegen den öffentlichen-rechtlichen Rundfunk findet querbeet in der Presse statt. Daneben wird offensichtlich versucht, Druck auf die handelnde Politik auszuüben. Offenbar mit Erfolg. Der öffentlich-rechtliche Rundfunk hat Zeit, seine Projekte in Ruhe zu entwickeln und öffentlich darzustellen. Seine Position ist rechtlich so klar abgesichert, dass überhastete Fluchten in Kooperationsmodelle mir nicht sinnvoll erscheinen.

### Medien und Europa

Kürzlich beklagte der deutsche Außenminister Frank-Walter Steinmeier, wir wüssten mehr über manche Mondlandschaften als über die europäischen Medienlandschaften. Daran ist viel Wahres. Das beginnt schon bei der Feststellung, dass es nicht eine europäische Medienlandschaft gibt, sondern mehrere. Europa tut sich schwer damit, seine Identität zu bestimmen und uns, den Bürgern, zu vermitteln. Genauso schwer ist es, einen gemeinsamen Sender oder eine gemeinsame Zeitung auf den Weg zu bringen.

Die Ursachen eines diffusen, manchmal auch negativen Bildes von Europa liegen sicherlich auch darin begründet, dass bestenfalls aus nationaler Sicht auf die Entscheidungen aus Brüssel geblickt wird. Wir sind Hamburger, Bayern, Katalanen, Bretonen, Schotten, und wir sind Deutsche, Polen, Spanier und Briten. Wir haben also bereits eine zweifache Identität: eine regionale und eine nationale. Ein überzeugender Grund, eine dritte, europäische Identität anzunehmen, besteht für die meisten Menschen nicht. Selbst wer die Leistungen Europas anerkennt und eine weitere Integration befürwortet, wird sich spontan nur selten als Europäer bezeichnen.

Europa spielt sich zu weit entfernt von unserem täglichen Leben ab. Sicher haben daran die Medien ihren Anteil: obwohl der Einfluss der europäischen Gesetzgebung auf unser Leben auf vielen Feldern heute wichtiger ist als die nationale Gesetzgebung, wird darüber kaum berichtet.

Tragen die Medien also eine Mitverantwortung am unzureichenden europäischen Bewusstsein?

Zunächst einmal müssen wir feststellen, dass die Medien das reale Leben spiegeln. Ich spreche hier selbstverständlich von den kritischen Medien und nicht von der Regenbogen- bzw. Boulevard-Presse. Auch Medien haben wie alle Unternehmen ihre Identität. Sie haben ihre Wurzeln in aller Regel auf lokaler, regionaler und nationaler Ebene. Entsprechend gewichten sie ihre Inhalte. Damit entsprechen sie im Übrigen auch den Erwartungen ihrer Nutzer, die vorrangig über den Nahbereich und über das internationale Geschehen informiert sein wollen.

Aber es ist nicht nur diese regionale und nationale Verbundenheit der Bürger und ihrer Medien, die europäische Themen in den Hintergrund treten lässt. Europa macht es sich selbst und uns allen, auch und gerade den Medien oft schwer. Man kann davon ausgehen, dass sich in den meisten Ländern, zumindest in Kerneuropa, nahezu alle Journalisten der herausragenden Rolle Europas für die Zukunft unserer Völker bewusst sind. Aber das bedeutet nicht ohne Weiteres, dass ich dies auch einer breiten Öffentlichkeit knapp und verständlich vermitteln kann. Die Sachverhalte rund um Europa sind komplex. Die Interessen der Agierenden vielschichtig bis undurchschaubar und in endlosen Diskussionen gefundene Lösungen bringen selbst erprobte Brüsseler oft bis an ihre Grenzen. Der öffentlich-rechtliche Rundfunk hat gleichwohl weiterhin aus Europa berichtet. 95 Prozent der europäischen Berichterstattung im deutschen Fernsehen gehen auf ARD und ZDF sowie deren Partnersender Phoenix, ARTE und 3Sat zurück. Wie kann ich mich mit etwas identifizieren, das ich nicht verstehe? Auch nationale Politik ist nicht einfach zu verstehen, Politikverdrossenheit ist ebenso ein Phänomen in Deutschland.

Aber es gibt doch einen wesentlichen Unterschied, bei dem die Medien eine entscheidende Rolle spielen. In der nationalen Politik wenden sich die Politiker über die Medien an das Volk. Sie werben für ihren Standpunkt und geben dem Bürger zumindest den Eindruck, er könne mitreden. Europa hat diese Möglichkeit nicht oder doch nur sehr beschränkt. In aller Regel bereitet die Sprache eine emotional fast unüberbrückbare Hürde. Auch die große Zahl der zu überzeugenden Bürger in 27 Ländern macht es den europäischen Entscheidungsträgern praktisch unmöglich, die Bürger persönlich von ihrem Standpunkt zu überzeugen.

Es ist sicher nicht Aufgabe unabhängiger Medien, die Distanz zwischen den Akteuren und dem Bürger mit der Bereitstellung zusätzlicher Sendeflächen beziehungsweise Zeitungsseiten zu kompensieren.

Ohnehin würde sich daran nichts ändern, denn der Bürger versteht es vorzüglich, die Angebote, die er nicht nutzen will, zu vermeiden. Auch die gut gemeinte Absicht mancher Verantwortlicher oder manches Redakteurs verkehrt sich dann in das Gegenteil: sobald der Name Europa in einer Sendung auftaucht, schalten viele Zuschauer ab. Sie erwarten offensichtlich, entweder nichts zu verstehen oder sich zu langweilen.

Ist Europa als identitätsstiftende Einheit am Ende ein hoffnungsloser Fall? Ich glaube nicht. Auch die Bildung der heute existierenden Nationen war ein Prozess, der Jahrhunderte gedauert hat. Es wird der Tag kommen, an dem europaweite Medien in verschiedenen Sprachen für viele von uns zum Alltag gehören und zumindest die Multiplikatoren erreichen. Zaghafte Versuche gibt es in Print (Lettres international) im Internet (u.a. Europa digital) und im Fernsehen (EuroNews). Kommerziell sind diese Versuche bisher erfolglos geblieben. Umso wichtiger ist es, dass die Politik den öffentlich-rechtlichen Rundfunk in Europa in die Lage versetzt, die große Lücke zu schließen, die für Europa zwischen dem Erreichten und der Wahrnehmung durch die Bürger entsteht.

Vor diesem Hintergrund ist François Mitterand Ende der 80er Jahre auf Helmut Kohl zugegangen. Beide wussten, dass Deutschland und Frankreich in der Politik, der Wirtschaft und auf vielen anderen Feldern Bedeutendes für die Bürger beider Länder und für Europa geleistet haben. Sie wussten aber auch, dass die Völker daran unmittelbar in ihrem täglichen Erleben keinen Anteil hatten. Mitterand und Kohl wollten ein weithin sichtbares Symbol der deutsch-französischen Freundschaft schaffen, das den Bürgern jeden Tag sichtbar sein sollte.

Aus dieser Idee ist ARTE entstanden, heute eines der wichtigsten Projekte der engen Verbindung zwischen Deutschland und Frankreich und inzwischen auch der europäischen Kultur insgesamt. Entgegen den Befürchtungen vieler sogenannter Medienexperten lohnt es, durch beharrliche Arbeit, immer mehr Menschen an den Sender heranzuführen. Die Wertschätzung, die ARTE bei den Bürgern genießt, geht deutlich darüber hinaus. Die Bürger sind bereit, sich mit Europa zu identifizieren, wenn es sich um etwas Verständliches, Reales und Greifbares handelt, so wie bei Airbus, beim Euro und eben auch bei ARTE. ARTE trägt nachhaltig zur europäischen Bewusstseinsbildung bei. Dies ist der Fall, soweit es um Information im engeren Sinne geht, also um Nachrichten, Reportagen und Magazine. Der gemeinsame Blickwinkel ist immer Europa. Die Zuschauer werden nicht als Deutsche und Franzosen, Belgier, Österreicher angesprochen, sondern angesprochen wird das, was sie miteinander verbindet: sie sind Bürger Europas. Natürlich bleiben die Informationssendungen in der Akzeptanz deutlich hinter den nationalen Angeboten zurück. Aber auch knapp eine Million Zuschauer für eine tägliche europäische Nachrichtensendung zeigen, dass man Interesse an Europa wecken kann.

Noch deutlich größer ist der Zuspruch bei fiktionalen Programmen. ARTE ist heute einer die wichtigsten Koproduzenten des europäischen Films. Der Sender beteiligte sich an herausragenden Produktionen wie »Das Leben der Anderen«, »Good bye Lenin«, »Gegen die Wand«, aber auch an dem rumänischen Film »4 Monate, 3 Tage und 2 Stunden«, der in Cannes letztes Jahr mit der Goldenen Palme ausgezeichnet wurde. ARTE ist damit selbst ein wichtiger Akteur der Kultur in Europa geworden. Sicher ist ARTE nicht beliebig auf andere Länder ausdehnbar.

Sicher ist aber, dass zahlreiche der von ARTE produzierten Sendungen auch auf anderen Sendern in Europa ihren Platz finden, wenn diese Länder bereit wären, nach dem Vorbild von Deutschland und Frankreich für die gemeinsame Identität in Europa zu investieren. Manches Geld, das die Europäische Union in ihre Öffentlichkeitsarbeit steckt, wäre deutlich besser in europäisches Fernsehen und in die Verantwortung derjenigen investiert, die europäische Identität durch gemeinsame Projekte stiften.

Anstatt ständig über den Mangel an europäischer Öffentlichkeit zu klagen, sollten die politischen Akteure Lösungen suchen: ARTE ist ein hervorragendes Beispiel dafür, dass mit relativ bescheidenen Mitteln viel erreicht werden kann. 50 Cent pro Haushalt und Monat sollte Europa nicht nur in Deutschland und Frankreich wert sein. Lassen Sie mich mit Garcia Lorca schließen.

Er hat wie folgt formuliert:
»Kultur kostet Geld, der Mangel an Kultur kostet noch weit mehr.«

Das gilt heute auch und gerade für die europäische Kultur, die Grundlage unserer Identität ist und die den Europäern eine Grundlage gegeben hat, auf der sie selbstbewusst im Wettkampf mit ganz unterschiedlichen Systemen überleben kann.

Das Wertvollste, was wir Europäer besitzen, ist unsere Freiheit. Die Freiheit des Einzelnen und die Freiheit der Presse und des

Rundfunks. Dieses Gut gilt es jeden Tag aufs Neue zu verteidigen. Gerade in Zeiten einer digitalisierten und globalisierten Welt sind wir mit neuen Fragen zum Freiheitsrecht und den damit verbundenen Pflichten konfrontiert. Die Märkte sind nicht mehr national zu begrenzen. Medienangebote kommen nicht zwangsläufig von Medienanbietern. Keinesfalls aber führen diese neuen Entwicklungen zu einem Abschied von den Grundpfeilern der nationalen Medienlandschaften. Dies gilt meines Erachtens sowohl für den öffentlich-rechtlichen Rundfunk als auch für die Qualitätspresse in Deutschland.

Das ausbalancierte, einzigartige Mediensystem garantiert eine freie und hochwertige Berichterstattung, auf die wir, gerade in einem zunehmend unübersichtlicher werdenden Markt, nicht verzichten können. Der Kurs aller Beteiligten und politisch Verantwortlichen sollte daher, medien- und länderübergreifend, einzig von dem Gedanken geprägt sein, diese Qualität zu erhalten und gemeinsam neu zu beleben.

Vielen Dank!

# Jobst Plog

| | |
|---|---|
| 1941 | geboren in Hannover |
| | Studium der Rechtswissenschaften in Hamburg, Göttingen und Paris |
| 1970–1991 | Anwalt beim Amts- und Landgericht Hannover und beim Landgericht Hamburg |
| 1977 | Berufung zum Justitiar durch den Norddeutschen Rundfunk |
| 1980–1991/ 1995–1999 | Vorsitzender der Gesellschafterversammlung/des Aufsichtsrats der Degeto-Film GmbH |
| 1980 | Berufung zum stellvertretenden Intendanten des Norddeutschen Rundfunks |
| 1991–2008 | Intendant des Norddeutschen Rundfunks (bis 12. Januar 2008) |
| 1993–1994/ 2003–2004 | Vorsitzender der ARD |
| 1993–1998 | Präsident der Mitgliederversammlung ARTE G.E.I.E. |
| 1999–2002 | Präsident des deutsch-französischen Kulturkanals ARTE |
| 2003–2006 | Präsident der Mitgliederversammlung von ARTE |
| 2003–2004 | Aufsichtsratsmitglied der Verlagsgesellschaft Madsack GmbH & Co. und der Filmförderung Hamburg GmbH |
| Seit 2007 | Vizepräsident der Mitgliederversammlung von ARTE |
| | Vertretung der ARD als »TV Liaison Officer« in der Asian Broadcasting Union (ABU) |

## Auszeichnungen und Preise (Auswahl)

:: Leo-Baeck Preis des Zentralrates der Juden in Deutschland für den NDR (1993)

:: Ernennung zum Ritter des französischen Kulturordens »Les Arts et les Lettres« (1997)

:: Ernennung zum Ritter des Nationalen Ordens der französischen Ehrenlegion durch Staatspräsident Jacques Chirac (1998)

:: Verdienstkreuz 1. Klasse des Verdienstordens der Bundesrepublik Deutschland (1999)

:: Ehrenprofessur der Freien und Hansestadt Hamburg/Honorarprofessur an der Universität Rostock (2001)

:: Ernennung zum Offizier des französischen Kulturordens »Les Arts et les Lettres« (2002)

:: Deutsch-Französischer Journalistenpreis (2005)

:: Ernennung zum Offizier des Nationalen Ordens der französischen Ehrenlegion durch Staatspräsident Jacques Chirac (2007)

### Europa bauen, den Wandel gestalten Vortragsreihe

:: Klaus Töpfer
Globalisierung – Konsequenzen für die deutsche Politik in internationalen Organisationen, Oktober 2001

:: Daniel S. Hamilton
Die Zukunft ist nicht mehr, was sie war: Europa, Amerika und die neue weltpolitische Lage, Februar 2002

:: Mahmoud Hamdi Zakzouk
Der Islam und Europa – ohne Dialog keine Zukunft, Juli 2002

:: Janusz Reiter
Die Erweiterung der Europäischen Union – was kommt danach?, Januar 2003

:: Alfred Grosser
Deutschland, Frankreich, Europa: was war, was ist, was wird?, August 2003

:: Amos Elon
Die Rolle der Juden im neuen Europa, Februar 2004

:: Erwin Teufel
Europa im Umbruch, August 2004

:: Karl Kardinal Lehmann
Das Christentum und die Grundlagen Europas. Ein Blick in Vergangenheit, Gegenwart und Zukunft, November 2004

:: Kemal Derviş
Die Erweiterung Europas nach Südosten: eine geschichtliche Wiedervereinigung und die Gestaltung der Zukunft, Juni 2005

:: Heinrich August Winkler
Was hält Europa zusammen?, Dezember 2005

:: Joachim Gauck
Welche Erinnerungen braucht Europa?, September 2006

:: Jean-Claude Juncker
Welche Vision braucht Europa?, Januar 2007

:: László Sólyom
Die Verantwortung für den Schutz unserer
Lebensgrundlagen, September 2007

:: Josef Joffe
Hypermacht und Friedensmacht: Die Zukunft der
europäisch-amerikanischen Beziehungen, April 2008

## Die Robert Bosch Stiftung

Die Robert Bosch Stiftung ist eine der großen unternehmensverbundenen Stiftungen in Deutschland. Ihr gehören 92 Prozent des Stammkapitals der Robert Bosch GmbH. Sie wurde 1964 gegründet und setzt die gemeinnützigen Bestrebungen des Firmengründers und Stifters Robert Bosch (1861–1942) fort.

Die Stiftung konzentriert sich in ihrer Arbeit auf die Gebiete:
:: Wissenschaft und Forschung
:: Gesundheit und humanitäre Hilfe
:: Völkerverständigung Westeuropa, Amerika, Türkei, Japan, Indien
:: Völkerverständigung Mitteleuropa, Südosteuropa, GUS, China
:: Bildung und Gesellschaft
:: Gesellschaft und Kultur

Zur Stiftung gehören in Stuttgart das Robert-Bosch-Krankenhaus, das Dr. Margarete Fischer-Bosch-Institut für Klinische Pharmakologie und das Institut für Geschichte der Medizin.

Herausgegeben von der Robert Bosch Stiftung
Foto: Susanne Kern
Juli 2008

Robert Bosch Stiftung GmbH
Heidehofstraße 31
70184 Stuttgart
info@bosch-stiftung.de
www.bosch-stiftung.de

Die Deutsche Bibliothek – CIP-Einheitsaufnahme
Ein Titeldatensatz für diese Publikation ist bei der
Deutschen Bibliothek erhältlich.
© 2008 Robert Bosch Stiftung GmbH, Stuttgart
Alle Rechte vorbehalten
ISBN 978-3-939574-08-8